L'ÉMIR ABD-EL-KADER

ET

L'ALGÉRIE

Arras. — Typographie Rousseau-Leroy, rue Saint-Maurice, 26.

L'ÉMIR

ABD-EL-KADER

ET

L'ALGÉRIE

PAR

LUIS BALLESTEROS

PARIS

ANCIENNE MAISON E. DUJARDIN

RETAUX FRÈRES, LIBRAIRES - ÉDITEURS

13, RUE DES GRÈS.

—

1865

PREMIÈRE PARTIE.

La société Frémy et Talabot, qui va donner à l'Algérie une si puissante impulsion, n'est que le premier
fruit, le premier avantage du voyage impérial, qui doit
être si fécond en bons résultats.

Dans la lettre du 3 février 1863, l'Empereur disait :

« Je veux convaincre les Arabes que nous ne sommes
« pas venus en Algérie pour les opprimer et les spo-
« lier, mais pour leur apporter les bienfaits de la civi-
« lisation.

« Les indigènes ont, comme les colons, un droit égal
« à ma protection, et *je suis aussi bien l'Empereur des*
« *Arabes que l'Empereur des Français.* »

Cette solennelle déclaration avait fait tressaillir les
Arabes, peu habitués à se voir traités d'égal à égal par

le vainqueur, et à passer sous une loi commune; mais, laissée à son état primordial, elle manquait d'un corrélatif, d'une sanction qui la rendît efficace.

L'Arabe résidant en Algérie pouvait sans doute invoquer, en toute occasion, le bénéfice de la loi qui protége; mais, supposons *l'Arabe en pays étranger*, de quelle qualité pourrait-il se prévaloir pour faire respecter ses droits méconnus ou lésés, et invoquer au besoin l'appui de la France?

Le souvenir des paroles généreuses de son souverain pouvait lui revenir à l'esprit: *Je suis aussi bien l'Empereur des Arabes que l'Empereur des Français*, sans qu'il pût, au point de vue du droit, se prévaloir de la qualité de Français, qui ne lui appartenait pas.

Le sénatus-consulte du 5 juillet 1865 complète solennellement, et d'une manière juridique, l'intention du souverain qui, en se déclarant l'Empereur des Arabes, entendait bien les prendre sous sa protection.

L'indigène musulman est Français; l'indigène israélite est Français.

L'état des personnes et la situation politique des indigènes arabes et israélites en Algérie, n'étaient pas encore bien définis.

Les Arabes et les Israélites devaient-ils, en tout état

de choses, se conformer aux dispositions de notre code civil, ou bien devaient-ils être régis, les uns par la loi musulmane, les autres par la loi mosaïque ?

On distinguait : dans certains cas, comme pour le mariage, la répudiation et le partage des successions ; l'Arabe ou l'Israélite qui avait préféré le cadi ou le rabbin à notre officier de l'état-civil ne pouvait, et c'était justice, invoquer la protection de nos tribunaux. Ils étaient abandonnés aux capricieuses interprétations du Coran ou du Talmud.

Dans l'état actuel de la législation de l'Algérie, la polygamie est permise aux Israélites algériens. (Arrêt de la Cour impériale d'Alger, rendu en audience solennelle en juin 1865. Affaire Zermati et Ricca Tabet.)

Dans d'autres cas, l'Arabe et l'Israélite qui, conformément aux dispositions de la constitution du 5 fructidor an III, croyant avoir subi la loi et la nationalité du vainqueur, faisaient acte de citoyen, se voyaient arrêtés au premier pas, dans cet élan qui devait les rapprocher de nous.

Ces situations n'étaient donc ni bien définies, ni bien précisées. Elles se prêtaient, avec beaucoup d'élasticité, aux interprétations les plus contradictoires.

La Cour impériale d'Alger, la Cour de Cassation, et jusqu'à nos chambres législatives, ont déjà souvent retenti de plaidoiries et de discours remarquables, sans doute, mais qui démontraient péremptoirement dans quel état d'incertitude étaient laissés les indigènes de l'Algérie.

Aujourd'hui, le législateur a parlé; plus de doute, plus de fausses interprétations, plus de controverses, Musulmans et Israélites, vous êtes Français, votre nationalité est établie, le respect de vos personnes et de vos droits vous est assuré, en quelque pays étranger que vous vous trouviez, vous pouvez exciper de votre nouvelle qualité, le drapeau de la France sera là pour vous protéger et vous couvrir, au besoin, de ses plis glorieux.

Vous continuez, il est vrai, à être régis, les uns par la *loi musulmane*, les autres *par vos statuts personnels*, mais il ne tiendra plus qu'à vous, désormais, de compléter la faveur qui vous est faite, et de joindre, à la jouissance qui vous est accordée, l'exercice des droits de citoyen français.

Plusieurs fois déjà, des voix autorisées s'étaient élevées pour demander, en faveur des Arabes et des Israélites, une naturalisation collective; mais ce mode sommaire offrait de graves inconvénients.

La loi musulmane et la loi mosaïque sont inconciliables avec la loi française ; conférer la qualité de citoyen français sans une demande personnelle, expresse et formelle, c'était exiger une abjuration solennelle à la foi religieuse, et imposer une faveur qui n'a un grand prix que pour celui qui l'obtient sur ses propres instances, et la qualité de citoyen français est trop précieuse, pour qu'elle doive jamais être imposée. Bien plus, cet acte de générosité pouvait être mal interprété par ceux-là mêmes qui étaient appelés à en bénéficier.

Il eût donc été aussi imprudent que peu conforme aux notions d'une saine politique, de convier *impérativement* à une communion de patriotisme ceux qui, conservant au fond de leur cœur le souvenir de leur passé, pouvaient ne voir qu'avec regret leur état actuel.

L'article 3 du sénatus-consulte porte que l'étranger qui justifiera de trois années de résidence en Algérie, pourra être admis à jouir de tous les droits de citoyen français.

Deux objections ont été faites sur cette disposition.

La première se réfère à la compétence du Sénat, la seconde au privilége que la loi nouvelle accorde aux étrangers qui iront résider trois ans en Algérie pour devenir citoyens français.

On a répondu à ces deux objections avec une clarté et une précision qui ne laissent plus d'incertitude là-dessus.

La loi du 11 décembre 1849 qui régit la matière, émane de l'Assemblée législative, à une époque où cette Assemblée réunissait tous les pouvoirs législatifs. Il ne pouvait donc être question de sénatus-consulte à ce moment. Mais la constitution de 1852 a remplacé celle de 1848, elle a rendu au *Sénat ses anciennes attributions,* et, dans son article 27, elle lui a donné en outre une délégation spéciale pour régler la constitution de l'Algérie.

La seconde objection ne se fonde pas sur un prétendu principe de droit constitutionnel, elle se base sur un raisonnement que l'avenir peut justifier ou démentir; mais que la logique seule peut, dès aujourd'hui, réfuter.

On s'est demandé quelle raison avait poussé le législateur à faire une loi d'exception pour les étrangers qui résidaient en Algérie, et si ce n'était pas là leur offrir un moyen bien simple d'éluder la loi commune qui exige l'autorisation préalable de fixer en France son domicile, plus un stage de 10 ans. (Art. 1er de la loi du 11 décembre 1849.)

La raison est facile à trouver. L'étranger qui quitte son pays, pour s'établir en France sans esprit de retour, trouve là, toute formée, une société en rapport avec sa position, il n'a qu'à faire ce que chacun fait, ce qu'il faisait lui-même dans son pays pour subvenir à ses besoins. Pour lui, tout est formé, tout est créé, il n'a qu'à vivre de la vie commune, avec la jouissance des droits civils qui lui est accordée implicitement avec l'autorisation de s'établir en France.

En est-il de même pour l'étranger qui va en Algérie, avec ou sans esprit de retour? Poser la question, c'est la résoudre.

Nous établissons en principe que, sauf les cas exceptionnels, par exemple en matière politique, où parfois les familles sont obligées d'aller au loin chercher le repos et l'oubli, peu d'étrangers vont en Algérie sans esprit de retour.

Nous interrogeons tous ceux qui y sont, et qui s'y trouvent bien, le nombre en est grand : quel est celui qui en s'éloignant du sol natal n'a pas éprouvé un serrement de cœur et une tristesse profonde, à la pensée seule qu'il pourrait rester en Algérie?

Aucun d'eux ne se dissimulait les épreuves auxquelles il allait être soumis, les luttes qu'il aurait à soutenir.

Il est donc présumable qu'il ne partait pas sans

esprit de retour, et que, s'il allait affronter toutes les dif-
ficultés d'un pays nouveau, c'est qu'il espérait y re-
cueillir, en peu de temps, la juste rémunération de ses
pénibles labeurs, et retourner au plus vite dans sa
patrie pour y jouir des fruits de ses sacrifices passés.

Mais l'Algérie, si fâcheusement décriée par ceux
qui ne la connaissent pas, a le rare privilége d'exercer
une attraction presque irrésistible sur ceux qui la connaissent.

Ces étrangers, qui ne comptaient pas du tout s'y
fixer, s'attachent peu à peu à elle, comme à la mère-
patrie, s'y établissent, font venir auprès d'eux leur
famille, ou en forment de nouvelles ; les liens entre eux
et la terre des épreuves se resserrent, ils se font insensiblement à l'idée que ce pays est le leur, et finissent
par donner à la patrie d'adoption tout leur dévouement,
toute leur affection, tout leur amour.

Ce n'est pas là exagérer l'attachement tout dévoué
que les étrangers peuvent éprouver pour l'Algérie,
puisque M. Delangle disait au Sénat :

« Ce qui est certain, proclamé par l'administration,
« par les colons eux-mêmes, c'est qu'au milieu des tri-
« bulations auxquelles était livrée la colonie, un se-
« cours puissant lui est venu *des étrangers*. Aujourd'hui
« l'émigration étrangère forme à peu près la moitié de

« la colonie africaine ; elle est devenue un des plus
« fermes soutiens de l'œuvre entreprise sur la terre
« conquise avec le sang et l'argent de la France. Com-
« bien d'étrangers y ont apporté des capitaux, de l'in-
« dustrie, des méthodes perfectionnées de culture ;
« combien, en associant leurs efforts à ceux de nos na-
« tionaux, ont contribué à changer la face de cette
« terre, qui réclamait, pour redevenir fertile, un tra-
« vail aussi intelligent qu'obstiné.

« N'est-ce pas là un service rendu à la France, un
« service réel et qui réclame au premier chef l'attention
« du gouvernement. N'y a-t-il rien à faire pour des
« hommes qui, placés à côté de nous, ont partagé nos
« labeurs, contribué, non sans danger, à nos succès, et
« qui, tout en recueillant, — non pas tous, — le juste
« prix de leurs travaux, assuraient à la France des
« avantages bien supérieurs à ceux dont ils acquéraient
« la jouissance; car ils aidaient à faire de la terre algé-
« rienne une terre française ; ils en consolidaient les
« fondements. »

Cette déclaration formelle et tombée de *si haut* était
la meilleure recommandation que pussent espérer les
étrangers.

C'est donc à bon droit qu'on leur a accordé un privilége qui, nous aimons à le reconnaître, a été conçu

dans un esprit excessivement libéral. Ce privilége profondément politique est également plein de promesses pour l'avenir.

C'est le second avantage important qui soit déjà résulté du voyage de l'Empereur en Algérie.

Nous en attendons un troisième, la nouvelle Constitution qui réglant définitivement peut-être l'état de l'Algérie, la tirera de cet état de langueur dans lequel l'a plongée la politique incertaine et essentiellement expérimentale qu'on y a suivie jusqu'à ce jour.

DEUXIÈME PARTIE.

Les récentes déclarations officielles publiées par le *Moniteur*, n'ont pas encore complètement dissipé la triste impression produite par certains bruits de vice-royauté et de grand commandement.

On se demandait pourquoi Abd-el-Kader était à Paris, et y faisait un si long séjour? Pourquoi ce voyage coïncidait-il si bien avec le retour de l'Empereur et la présence à Paris de notre gouverneur général? Pourquoi ces conférences entre le chef de l'État, les ministres de la guerre, de l'instruction publique et l'Émir.

Les ennemis déclarés de notre plus belle colonie avaient profité de cette fâcheuse disposition d'esprit pour insinuer que le moment était propice pour placer Abd el-Kader à la tête de l'Algérie.

Quelque absurde que fût cette supposition, 'elle

n'en a pas moins causé une pénible émotion à tous ceux qui sont attachés à l'Algérie. Cela paraissait certainement bien impossible ; mais M. E. de Girardin revêt si adroitement du manteau de la logique tout ce qu'il écrit, ses sophismes sont si spécieux, que certains esprits superficiels donnent un vote de confiance à ce qu'il propose !

Un vote de confiance à M. de Girardin, pour ce qui touche à l'Algérie!!! Quelle naïveté il faut avoir !

Qu'en dites-vous, vous-même, Monsieur ? Avouez que vous avez dû bien rire de la panique que vous avez inspirée un instant dans l'esprit de vos candides lecteurs.

C'est pour prévenir le retour de ces puériles alarmes, que nous venons, même après la déclaration insérée dans le *Moniteur*, engager l'opinion publique et nos colons de l'Algérie à se tenir en garde contre la spécieuse dialectique du directeur de la *Presse*.

L'Algérie ne peut plus être aujourd'hui ni arabe, ni turque.

La France qui ne songe pas plus à en faire hommage

à qui que ce soit, qu'à l'abandonner, éprouve pour elle, et lui montre une trop grande sollicitude, pour que l'Algérie aspire à une séparation qui serait sa propre perte.

L'abandonner à ses propres forces, ou y créer une vice-royauté étrangère, ce serait l'acte le plus impolitique de notre époque; ce serait faire croire aux Arabes que nous renonçons à la lutte, non pas par esprit d'humanité et pour épargner du sang, mais parce qu'ils sont nos maîtres; ce serait enfin, pour la France, renoncer gratuitement aux fruits de trente-quatre ans de sacrifices, et mettre en action la fable de Bertrand et Raton que l'Angleterre et la Russie paraissent si bien connaître. L'Algérie, à ne la considérer que comme école militaire et position stratégique, donne, ne nous le dissimulons pas, une grande importance politique à la France.

La question des duchés Schleswig-Holstein, très-minime en apparence quant à l'équilibre européen, prendra un jour de grandes proportions, et donnera à la Prusse, si la politique de M. de Bismark triomphe, une importance qu'elle n'a pas encore, comme puissance maritime.

Cette question devrait être pour nous d'un grand exemple.

La Russie, la Prusse, l'Allemagne n'attendent pas qu'un port devienne *res nullius* pour se l'annexer.

En 1704, les Anglais surprennent Gibraltar, et s'en emparent. Cette violation du droit des gens, que l'histoire ne cessera de flétrir, et qui devrait peser sur eux comme un remords, ne les a nullement empêchés de s'y maintenir, au prix même des plus lourds sacrifices. Gibraltar coûte immensément à l'Angleterre, sans rien lui rapporter, et cela non pas depuis trente-quatre, mais depuis cent soixante ans ; et, dans le pays d'Outre-Manche, il ne se trouve personne pour s'en plaindre, personne..... pas même un journal russe qui en propose l'abandon.

C'est que les Anglais sont Anglais avant tout. L'Angleterre ne considère pas une position stratégique au seul point de vue du rendement matériel, et cependant l'Angleterre aime à compter, mais elle examine préalablement l'importance politique que lui donnera cette place.

L'Angleterre garde Gibraltar et Malte, parce que sans ces deux places, elle n'aurait que faire dans la Méditerranée, et qu'elle n'aime pas, en principe, rester étrangère à rien de ce qui se passe tant au sud qu'au nord de l'Europe. Quand son intérêt politique est en jeu, l'Angleterre, comme certain cardinal-ministre peu scrupuleux, marche droit à son but, fauche tout ce qui s'oppose à son passage, et recouvre tout de son drapeau rouge.

L'année dernière, au sein du Parlement anglais, il se trouva un cœur droit, honnête, loyal, qui eut le noble courage de protester seul contre le traité d'Utrecht, qui a ratifié la surprise de 1704. Ce membre du Parlement, *rara avis*, se montrant plus soucieux de l'honneur de son pays que de son intérêt politique, protesta seul contre la prise de possession de Gibraltar, et en proposa l'abandon.

En France, cette généreuse proposition aurait certainement trouvé de nombreux adhérents ; mais aurait aussi, à coup sûr, soulevé contre son auteur une tempête de murmures désapprobateurs.

Au sein du Parlement anglais, les choses se passent avec plus de calme. On laissa parler l'orateur, et, son discours fini, les nobles lords se mirent à sourire avec beaucoup de convenance, comme cela convient à une grande assemblée qui entend une spirituelle facétie, et passèrent très-gravement à l'ordre du jour.

L'enfant avait parlé, on passait aux choses sérieuses.

O sublime Angleterre !

Et quand, à chaque page, l'histoire nous offre de semblables exemples, on voudrait que la France seule fît preuve d'une abnégation qui ne tournerait qu'au profit des puissances du Nord?

Et ce sont des cœurs français qui proposent l'abandon pur et simple de l'Algérie!

Nous sommes enfants de l'Algérie, monsieur de Girardin, nous ne sommes pas habitués aux minutieuses arguties de votre habile polémique. Nous ne savons qu'aimer et nous dévouer à qui nous aime; mais nous portons le cœur aussi haut que personne, et rien dans notre passé ne justifierait les rigueurs auxquelles vous voudriez nous voir exposés. Quant à l'avenir, nous avons meilleure opinion de notre propre valeur, nous avons surtout une entière confiance dans les destinées de l'Algérie, qui semble être devenue la protégée de son auguste visiteur.

Ne vous occupez donc plus de l'Algérie, ou renoncez à soutenir une opinion qui finirait par faire douter de votre sincérité et de votre patriotisme.

TROISIÈME PARTIE.

La constitution définitive de l'Algérie est le troisième résultat que nous attendons tous avec la plus vive impatience.

Jusqu'à présent, le doute, l'incertitude, a toujours présidé aux mesures qui ont été prises, et il ne faut pas attribuer à une autre cause l'état de langueur dans lequel se trouve l'Algérie.

La laissera-t-on sous l'autorité militaire, ou la soumettra-t-on de nouveau à l'autorité civile, dont l'existence pot... elle a été si éphémère, et qui pourtant peut être si féconde en bons résultats, quand elle est exercée avec intelligence et énergie?

Continuera-t-on à étendre notre domination vers le sud, et à prendre possession de ces immenses solitudes qui forment le désert, ou se résoudra-t-on à une possession limitée quant à présent, et à laisser au temps et à nos institutions civilisatrices le soin de poursuivre insensiblement leur œuvre d'assimilation ?

Il est bien probable que toutes ces graves questions ont été agitées en haut lieu.

Puisque tous les systèmes tentés jusqu'à présent sont restés infructueux, nous demandons pourquoi l'on ne ferait pas, pour l'Algérie, ce que les philosophes éclectiques faisaient pour leur doctrine : pourquoi l'on n'adopterait pas, pour le soutenir avec fermeté, sagesse et persévérance, un système mixte qui emprunterait à chacun des autres les mesures qui ont donné les meilleurs résultats.

Dans un court travail sur les anomalies algériennes qui pourraient faire de la colonie la terre classique des contradictions, nous exposions, il y a un an, un système qui, prenant à l'autorité civile et à l'autorité militaire, ce qu'elles ont de bon et d'utile pour l'Algérie, pouvait mettre fin à ces tiraillements d'autorité à autorité, qui éloignent de nous les Arabes, sans nous affermir dans nos possessions.

Si la nomination d'Ab-el-Kader comme vice-roi de l'Algérie n'est même pas présumable, ne serait-il pas possible de faire tourner au profit de notre politique l'incontestable influence que l'Émir exerce encore sur les Arabes? Le Hadj Abd-el-Kader est encore relativement un homme jeune, plein d'activité, d'initiative et d'intelligence. Il possède, au plus haut degré l'esprit de pénétration, et les précieuses qualités d'être à la fois vaillant homme de guerre, grand capitaine, et habile administrateur.

Il a été plus à même que personne de nous connaître et d'apprécier la supériorité de nos institutions.

C'est à n'en pas douter, celui de tous les Arabes qui s'est le mieux pénétré de nos intentions en allant en Algérie; il sait parfaitement, et aujourd'hui plus que jamais, que la France ne veut ni opprimer, ni spolier les Arabes.

L'Émir aujourd'hui nous aime et nous est complètement dévoué. Pourquoi ne serait-il pas investi d'une autorité assez forte, entouré d'un prestige assez grand pour être efficacement notre intermédiaire auprès des Arabes du Sud, pour les persuader de ce qu'il sait, de ce qu'il a vu et des sentiments qu'il éprouve pour nous?

Nous ne proposons ici pour Abd-el-Kader, ni une vice-royauté, ni même un grand commandement dans le Sud, qu'il n'accepterait pas d'ailleurs; car, investi d'un commandement officiel, il perdrait beaucoup de son prestige, et il aurait à craindre de n'être pas toujours écouté.

La confédération des Beni-Mezab qui est *Khamsi*, c'est-à-dire, cinquième ou secte dissidente des quatre sectes orthodoxes, ne se soumettra jamais à Abd-el-Kader qui est *malekite*, alors même qu'il serait appuyé par nos soldats, et si les Beni-Mezab entraient en lutte avec l'Émir, il y aurait à craindre qu'ils ne fussent soutenus par les Chaambas et par les autres tribus de l'extrême Sud, avec lesquels ils font cause commune.

On peut donner à l'Émir des titres, des honneurs, mais à condition qu'il n'exercera jamais d'autorité par lui-même, ni par les siens.

Les circonstances font les hommes, et ce sont les circonstances qui ont élevé Abd-el-Kader aussi haut qu'il pouvait l'être. Investi d'un grand commandement dans le Sud, l'Émir s'appliquerait à faire comprendre aux Arabes qu'ils doivent toujours être unis et lui obéir, qu'un seul homme doit toujours avoir le commandement et guider les autres, en un mot *que l'union fait la force*.

Alors, la nationalité arabe qui vient d'être détruite par un sénatus-consulte qui est l'*acte le plus politique* que l'on ait encore fait pour l'Algérie, cette nationalité chancelante renaîtrait, s'organiserait très-régulièrement, ferait de grands progrès en peu de temps, et bientôt *cet État créé dans l'État*, se déclarerait indépendant d'abord, et comme cette nation se compose de près de quatre millions d'individus, et qu'elle peut mettre deux cent mille hommes sous les armes, chacun prévoit les conséquences de ce terrible armement.

Le seul rôle que l'émir Abd-el-Kader puisse aujourd'hui jouer en Algérie, serait celui d'un missionnaire, d'un propagateur des institutions. libérales et civilisatrices de la France, et pour cette mission remplie avec intelligence et dévouement, l'Émir pourrait être élevé à toutes les dignités, et être investi des plus grands honneurs.

Accepter le rôle essentiellement humanitaire de médiateur entre la France et les tribus des hauts plateaux du Sud, servir notre politique en le remplissant avec tact et abnégation, consacrer à ce rapprochement définitif tout ce qu'il sait, tout ce qu'il a vu, tout ce qu'il a appris, son expérience et sa gloire, ce serait réaliser le plus beau rêve que pourrait faire un homme de génie; ce serait pour Abd-el-Kader, acquérir un droit de plus à la reconnaissance de la France, qui ne négligerait rien pour le maintenir sur le magnifique piédestal qu'elle lui a déjà elle-même élevé.

Quelles que soient d'ailleurs les intentions du chef de l'État, nous revenons aujourd'hui à ce que nous écrivions, il y a un an, avec une conviction que les événements ultérieurs ont été loin d'ébranler.

Au lieu de territoire civil et territoire militaire, nous préférerions territoire français.

Puisque tous les indigènes arabes sont Français, pourquoi avoir maintenu deux manières de rendre la justice? Justice française, justice musulmane, cadis civils, cadis militaires, et tant d'autres confusions juridiques qui ne profitent qu'aux plus habiles.

Pourquoi la justice n'est-elle pas la même, partout où flotte le drapeau de la France?

La sagesse de notre législation est aujourd'hui universellement reconnue, et les Arabes eux-mêmes, si méfiants d'ordinaire, ont une confiance illimitée en l'intégrité de nos magistrats : Pourquoi, aujourd'hui surtout que la nationalité arabe n'existe plus en Algérie, ne pas les obliger à recourir à la justice française dès que l'une des parties contendantes l'exigerait, tout en maintenant le principe : « *Actor sequitur forum rei?* »

On ne froisserait ainsi aucune croyance religieuse, puisqu'en principe, on n'annulerait pas l'institution des cadis. Mais, comme les Arabes préfèrent notre juridiction à la leur, en leur laissant la faculté de choisir leurs juges, ils n'iraient pas souvent devant le cadi qui finirait par n'avoir que les fonctions de notaire, et ne tarderait peut-être pas à disparaître entièrement.

Le cadi se trouverait ainsi détrôné par ses propres co-religionnaires, et comme conséquence, il faudrait alors multiplier autant que le permettraient les ressources locales, le nombre des justices de paix, si peu coûteuses et si utiles !

Si, comme nous le croyons, la salutaire influence de l'épée est nécessaire dans le Sud et aux frontières du Maroc et de la Tunisie, pourquoi ne pas diviser l'Algérie en deux grandes zônes : *la zône préfectorale*, et *la zône mixte?* Dans ce système plus de territoire civil, plus de territoire *militaire*, simple dénomination *qui aux uns sert de hochet et d'épouvantail aux autres.*

On tracerait sur la carte une ligne de démarcation qui partirait de Nemours et passerait par *Sedilou, Daya, Frenda, Boghàr, Bouçaada, Biskra, Tebessa,* et aboutirait à *La Calle.*

Tout ce qui se trouverait entre cette ligne et la Méditerranée serait zône préfectorale, et en dehors de cette ligne au Sud, jusqu'aux limites de nos possessions, zône mixte, accessible à tous ceux qui voudraient aller s'y installer.

Dans la première zône peu importe la dénomination que porterait l'autorité. L'éminent maréchal sous le gouvernement duquel l'Algérie est fière et heureuse de se trouver, n'est ni gouverneur militaire, ni gouverneur civil, mais gouverneur général, comme le disait son illustre prédécesseur.

De tels gouverneurs ne sont pas les représentants exclusifs d'un parti, mais les soutiens et les propagateurs de tout ce qui est bon et utile à leurs administrés, sans distinction d'uniforme.

Nous voudrions pour cette première zône, unité administrative et unité judiciaire *partout* et pour tous; nous voudrions plus d'initiative, plus de liberté d'action à l'élément civil seul à même de montrer aux Arabes les avantages de la paix, les bienfaits de la civilisation, en un mot tout le bien-être matériel et moral de notre genre d'existence, bien-être qu'ils ne connaissent pas du tout, et dont ils ne sentent même pas la nécessité. Il ne faut pas que les Arabes ne voient toujours en nous que des guerriers sous les armes, du moins dans cette première zône où les insurrections ne sont plus à craindre, si au lieu de déployer autant de forces sur le littoral on transportait le siége des trois divisions à Tlemcen pour la division d'Oran, Aumale ou Milianah pour la division d'Alger, et Constantine pour la division de Constantine. Aumale serait peut-être encore préférable à Milianah, parce qu'Aumale est plus près du Sud et que de là on commande la grande Kabylie, point important qu'on ne saurait perdre de vue.

Les Kabyles, si on sait les ménager, seront toujours de bons auxiliaires et ne feront jamais défection. Nous devons donc soigneusement conserver la Kabylie et nous attacher les Kabyles.

Quant à la zône mixte, elle serait entièrement soumise à l'autorité militaire. Dans ces immenses solitudes couvertes d'alpha et de tribus nomades dont la civilisation est encore à l'état rudimentaire, l'influence de notre vaillante armée est indispensable ; qu'elle y poursuive son œuvre de pacification, et y prépare les voies à nos institutions humanitaires et essentiellement libérales.

Donnons aux justices de paix la plus grande extension possible. Nos magistrats sont plus à même, nous allions dire sont seuls à même de donner aux Arabes une idée exacte de notre justice et de notre impartialité.

Nos institutions libérales ne peuvent que gagner à être connues ; nous ne voulons ici incriminer personne, mais nous constatons que les Arabes les ignorent encore presque totalement, et il est au moins regrettable que l'on ne soit pas arrivé à les faire sortir de cet état d'ignorance absolue.

Il est temps que nous nous présentions aux Indigènes autrement que comme des envahisseurs insatiables, et, ne nous le dissimulons pas, c'est ainsi qu'un grand nombre d'entre eux nous considèrent.

Détrompons-les par tous les moyens en notre pouvoir laissons leur toujours auprès de nous un accès facile et bienveillant, et nous leur montrerons par là que le rôle de la France a toujours été noble et généreux.

En nous connaissant bien, les Arabes nous aimeront. En venant vivre de notre vie civile dans les centres de population européenne, ils verront que la loi française les protége, comme elle nous protége nous-mêmes.

Ils comprendront l'avantage qu'il y a à se rapprocher de nous, chacun d'eux se fera individuellement et sans y être officiellement invité, le propagateur de ce qu'il aura vu, et contribuera pour sa part plus que nous ne pourrions le faire nous-mêmes à l'œuvre de l'assimilation des deux races, qui sont moins antipathiques qu'on ne le dit généralement. A mesure que les Arabes se rapprocheront, la zône mixte reculera ses frontières en élargissant les limites de la zône préfectorale, jusqu'au moment où l'Algérie n'aura plus besoin que de la force armée indispensable pour le maintien de l'ordre public.

Luis BALLESTEROS.

FIN.

Arras. — typ. Rousseau-Leroy, rue Saint-Maurice, 26.

www.ingramcontent.com/pod-product-compliance
Lightning Source LLC
Chambersburg PA
CBHW071429030726
47594CB00006B/2641